everest

Mi primer

libro de informática

Dirección editorial: Raquel López Varela

Coordinación editorial: Ana Rodríguez Vega

Texto: Francisco José Iglesias Sanz

Corrección ortotipográfica: Patricia Martínez Fernández

Ilustraciones: Bruno Martínez Tabares

Maquetación: Eduardo García Ablanedo

Diseño de interiores y cubierta: Óscar Carballo Vales

© EDITORIAL EVEREST, S.A.

Carretera León-La Coruña, km 5 - León (España)

ISBN: 978-84-441-1033-2

Depósito legal: LE. 906-2010

Printed in Spain - Impreso en España

EDITORIAL EVERGRÁFICAS, S.L.

Carretera León-La Coruña, km 5 - León (España)

www.everest.es

Atención al cliente: 902 123 400

Índice

Presentación

Vamos a iniciar un fabuloso viaje a través de la informática. Seguro que alguna vez te habrás preguntado qué son y cómo surgieron los ordenadores. En *Mi primer libro de informática* te lo vamos a explicar.

Comenzaremos hablando sobre el origen de la informática para ir descubriendo, poco a poco, un fantástico mundo lleno de cables y ratones, de sistemas operativos y sus aplicaciones, así como de los dispositivos y sus funciones.

Conoceremos lo que son las redes, las nuevas maneras de comunicarnos y las últimas tecnologías que han surgido.

Pero no todo vale en la red, así que para eso hemos añadido indicaciones y consejos para padres y profesores sobre el correcto uso de los ordenadores y sobre la atención y protección de los menores frente a los peligros cibernéticos.

Por eso, incluimos referencias a los principales portales educativos donde puedes ampliar conocimientos.

¡Conéctate ya!

1. INFORMÁTICA, ¿qué es eso?

Desde el principio de la historia, las personas hemos tratado de expresarnos y comunicarnos. Hace siglos usábamos las pinturas rupestres, después la imprenta, y hoy esa función la conseguimos gracias a los ordenadores, principalmente.

La palabra **informática** se forma al unir los términos *información* y *automática*. Básicamente, quiere decir que el ordenador nos sirve para guardar datos e información, y con ellos podemos hacer muchas cosas.

Seguro que has oído hablar de la evolución del hombre; es gracioso, porque el ordenador también ha evolucionado.

UNIVAC I

Es el nombre de la primera computadora u ordenador comercial de la historia; pesaba 13 toneladas (el peso de un camión mediano) ¡... y ni siquiera tenía pantalla!

¿Puedes imaginar una calculadora del tamaño de una habitación? Ese sería el ordenador primitivo, igual que hubo un hombre primitivo. Eran máquinas de gran tamaño que hacían las operaciones de una simple calculadora actual. Ahora... **¡algunos ordenadores caben en la palma de tu mano!**

Mientras su tamaño se ha hecho más pequeño, los trabajos que pueden hacer son mucho mayores, de forma que hoy en día tenemos distintos ordenadores, desde una consola de videojuegos hasta un potente ordenador que puede guiar y pilotar un avión, **¡él solito!**

Fíjate, incluso existen supercomputadoras o superordenadores, que se usan en trabajos muy difíciles y especializados como la medicina, la ciencia, o la ingeniería avanzada.

Se han convertido en máquinas imprescindibles en muchos tipos de trabajo, y como veremos más adelante, **¡también en el colegio pueden ayudarnos!**

2. ORDENADORES por todos lados

En los inicios de la informática, los ordenadores eran máquinas gigantes que usaba gente experta, y solo para trabajar, **¡qué aburrido!**

Hoy los fabricantes diseñan diferentes modelos según el uso que van a tener. Existen ordenadores portátiles, de sobremesa, servidores, superordenadores y también otros diseños más específicos, como videoconsolas (**¡sí, también son ordenadores!**), agendas electrónicas, teléfonos móviles de última generación, etc.

¿Sabes que hay electrodomésticos que pueden ser programados a través de un ordenador con conexión a internet? Existen hornos, lavadoras y sistemas de calefacción que incluyen esta opción.

¡Es la Domótica!

También los programas y aplicaciones que utilizan han «crecido» con ellos y les han permitido realizar cada vez más tareas.

Es posible que ahora te parezca normal tener uno o varios ordenadores personales (en casa, en el colegio o en una biblioteca, pero hace tan solo unos años que comenzaron a generalizarse, cuando fueron más baratos.

Si observas un poco, verás muchos a tu alrededor, desde la caja registradora del supermercado hasta el GPS de un vehículo o los cajeros automáticos. **¡Estamos rodeados!**

09

PC significa *personal computers* en inglés, es decir, ordenadores personales.

En algunos casos, se han vuelto completamente imprescindibles para poder gestionar grandes cantidades de información, como en los bancos o en los organismos oficiales.

3. EN DOS PALABRAS: *hardware* y *software*

¿Cómo nos comunicarnos con nuestro ordenador?
Bueno, parece fácil de contestar, ¿verdad?
Utilizamos dispositivos como el teclado, el
ratón, o una pantalla táctil para introducir
datos o indicaciones, y el ordenador
nos devuelve los resultados a través de
la pantalla, la impresora, pero… ¿cómo
comprende qué debe hacer y qué debe
mostrarnos?

Nosotros introducimos información (**entrada**)
para que la máquina procese y almacene
(**procesamiento**) y finalmente nos
muestre o devuelva los resultados
(**salida**).

Hay dos grupos para clasificar todo aquello relacionado
con la informática. Utilizaremos dos palabras, *hardware*
y *software*, que tienen su origen en el idioma inglés.

Empezaremos por el **hardware**, que son todos los componentes y dispositivos físicos (o lo que es igual, se pueden ver y tocar) que forman una computadora, y que podemos dividir en dispositivos de entrada, de salida y mixtos.

Los dispositivos o **periféricos de entrada** son los que utilizamos para introducir información, como pueden ser el teclado, el ratón, un micrófono o una *webcam*; los **periféricos de salida** son aquellos que muestran el resultado de los procesos realizados, como la pantalla, la impresora o unos altavoces. ¿Y aquellos dispositivos en los que se leen y se graban información y datos, como los discos duros? Son los **periféricos mixtos**, ya que pueden cumplir funciones tanto de entrada como de salida.

El **software** son las instrucciones que el ordenador necesita para funcionar y lo dividimos en dos clases.

¿Sabes que para fabricar un solo ordenador se necesitan alrededor de 1500 kg de material? **¡Más de una tonelada!**

Sistemas operativos: son el conjunto de programas que hacen de intérprete entre el *hardware* y nosotros, y hacen que todo funcione correctamente. Por ejemplo, un sistema operativo es *Windows*.

Aplicaciones: pertenecen a este grupo los programas informáticos que nos permiten realizar diferentes tareas, como por ejemplo escribir, dibujar, escuchar música, etc. *Word* es, por ejemplo, la aplicación que se utiliza para escribir.

4. EL ORDENADOR y sus componentes

¡Veamos cómo es un ordenador por dentro!

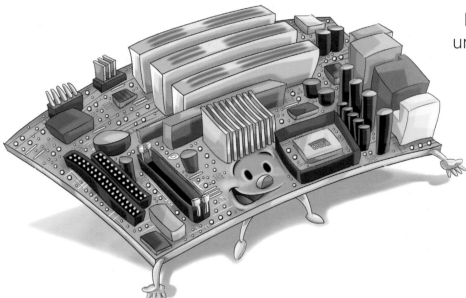

Encontraremos la **placa base**, un circuito integrado que ocupa buena parte de la superficie, donde se conectan los componentes del ordenador. Esta debe ser compatible con todos ellos, ya que existe una gran variedad de modelos.

Uno de estos componentes es el **microprocesador**, que es el cerebro de la máquina. Su potencia depende de la cantidad de operaciones que puede realizar a la vez y la velocidad a la que trabaja.

Pasemos ahora a la **memoria RAM**, que es donde el conjunto del ordenador almacena temporalmente las operaciones que está realizando (la cantidad de cosas que puede hacer al mismo tiempo). Cuanto mayor sea la cantidad de memoria, más programas o archivos abiertos podremos usar.

El **disco duro** es un disco interno que contiene los programas y datos que son necesarios para el funcionamiento del equipo, como el sistema operativo, las aplicaciones, los juegos, etc. Cuanto menos tiempo tarde en leer o escribir datos, más rápido será...

¿Y cómo muestra el texto y las imágenes el ordenador en la pantalla?
Para esto necesitamos el trabajo de la **tarjeta gráfica**, que se encarga de producir la imagen y enviarla al monitor. Lleva incorporados su propio microprocesador y memoria para poder funcionar.

13

Para poder comunicar todos estos elementos necesitamos unos caminos por los que circulen los datos, y ahí es donde participa el **bus de datos** que contiene la placa base.

Si comparamos a un ordenador con una persona, la placa base sería el cuerpo, el microprocesador sería el corazón, que bombea los datos a través de las venas y arterias (bus de datos), y la memoria y el disco duro serían aquellas partes del cerebro destinadas a almacenar datos, ya fuese de forma temporal o indefinida. No podemos olvidar que para comunicarnos con él necesita oídos, vista, tacto (periféricos), pero eso ya es otro capítulo… **¡Pasa la página y verás!**

Roadrunner
o también llamado Correcaminos es el nombre del ordenador más potente del mundo en la actualidad, fabricado por IBM. Está equipado con cerca de 12 000 microprocesadores.

5. PERIFÉRICOS del ordenador

¿Qué sería de nosotros si no pudiésemos ver, oír, hablar, tocar...?

Es el turno de conocer los **periféricos**, que son los dispositivos externos a través de los cuales la computadora se comunica con el mundo exterior.

Existen tres categorías principales, clasificadas según sus funciones:

Periféricos de entrada: captan los datos y los envían al módulo que los procesará. ¿Algunos ejemplos?: teclado, ratón, micrófono, escáner, lector de código de barras...

14

Periféricos de salida: son dispositivos que muestran información hacia el exterior del ordenador. La pantalla, la impresora o los altavoces forman parte de este grupo.

Bla, bla bla, bla, bla...

Periféricos de entrada /salida: son capaces de enviar y recibir datos o información, y los clasificamos en **periféricos de comunicaciones** (comunican el equipo con otros equipos o componentes) o **periféricos de almacenamiento** (almacenan información). Por ejemplo, un módem es un periférico que se encarga de enviar y recibir los datos de comunicación entre un ordenador e internet; en una pantalla táctil podemos ver la información y a la vez enviar nuestras indicaciones tocando su superficie.

¿Se te ocurre alguno más? Una pista: grabadoras de CD o DVD, *pendrive*, *router*, tarjeta de red inalámbrica…

¡Un roedor sobre mi mesa!

El ratón (*mouse*, en inglés) fue llamado en principio X-Y display indicator, pero más tarde recibió su nombre actual debido a su forma y su «cola» (cable) que le hace parecerse a un roedor aunque ahora ya muchos ni siquiera tienen cola.

6. NÚMEROS Y LETRAS:
el ratón... y el teclado

El **ratón** (o *mouse*) lo utilizamos para desplazar un cursor en la pantalla, y nos permite seleccionar, mover y manipular objetos mediante el uso de botones. Pulsar uno de sus botones (sonido de clic) para llevar a cabo una acción se denomina «hacer clic».

¡Vamos a conocerlos!

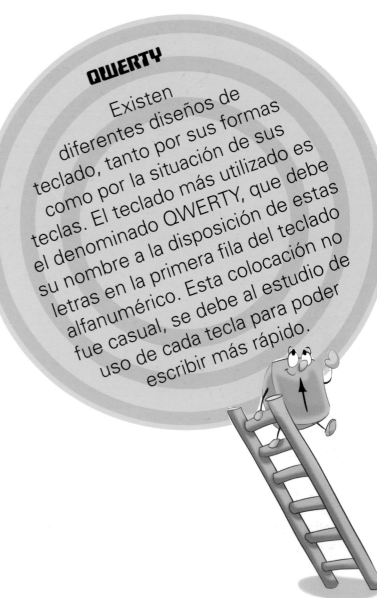

QWERTY

Existen diferentes diseños de teclado, tanto por sus formas como por la situación de sus teclas. El teclado más utilizado es el denominado QWERTY, que debe su nombre a la disposición de estas letras en la primera fila del teclado alfanumérico. Esta colocación no fue casual, se debe al estudio de uso de cada tecla para poder escribir más rápido.

El **teclado** es el primer periférico incorporado a un ordenador, el principal y más importante, puesto que nos sirve para comunicarnos con él.

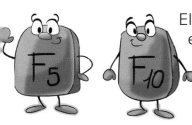

Las **teclas de navegación** nos sirven para desplazarnos por el documento, texto o página web. Podemos utilizar los cursores (flechas que nos mueven una posición hacia la izquierda, derecha, arriba o abajo), avanzar o retroceder una página (AvPag y RePag), o situarnos al inicio o fin de una línea o párrafo (Inicio / Fin).

El grupo de **teclas de función** está programado según la aplicación o programa que estamos usando; así, la tecla F1 suele mostrarnos la ayuda del programa.

El **teclado numérico** tiene varias teclas que ya hemos visto en la parte alfanumérica, tales como los números y el [Intro], las teclas de navegación y los operadores básicos de suma, resta, multiplicación y división. De este modo, si estamos realizando operaciones matemáticas es mucho más fácil.

Las **teclas de control** sirven para activar características especiales, como [Esc] (cancelar), las que se combinan con otra pulsación para, por ejemplo, acceder a los diferentes símbolos que contienen algunas teclas o las de Windows o de Mac.

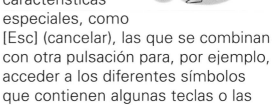

Las **teclas alfanuméricas** incluyen todos los números y letras, así como la barra espaciadora, el bloqueo de mayúsculas, tabulador, retroceso (o borrar) y la tecla [Intro] para aceptar los datos que hemos introducido o producir un salto de línea al final de un párrafo.

7. ¿Qué es un sistema operativo?

Ya conocemos la parte física del ordenador (el *hardware*), y es hora de conocer el mundo del *software*. Comenzaremos por el **sistema operativo**, el grupo de programas más importante de un ordenador.

Es el encargado de realizar muchas e importantes tareas, desde iniciar el sistema (cuando encendemos el ordenador), hacer de traductor entre la máquina y nosotros, permitirnos abrir aplicaciones, controlar los archivos, comunicarnos a través de redes o internet o controlar los dispositivos periféricos como la impresora, el escáner, etc.

Existen sistemas operativos diferentes, diseñados para distintos equipos, como los PC o los MAC, o para los grandes sistemas informáticos (servidores y superordenadores) y también para los teléfonos móviles y agendas electrónicas.

Los más populares y extendidos son Windows y Linux para los PC, y MAC / OS para los MAC. Todos ellos han evolucionado a lo largo de los últimos años, ofreciéndonos características similares, como es el entorno gráfico de comunicación con el ordenador, o sus capacidades multimedia.

La **interfaz del usuario** (o entorno de usuario) es la parte del sistema operativo que nos permite hablar con la máquina, de tal manera que se puedan cargar programas, acceder a los archivos y realizar otras muchas tareas.

Un mundo de ventanas

El sistema operativo Windows debe su nombre a que todo objeto del sistema tiene forma de ventana (Windows en español significa ventanas).

En los grandes sistemas informáticos, el sistema operativo tiene incluso mayor responsabilidad y poder: es como un policía de tráfico, se asegura de que los programas y usuarios que están funcionando al mismo tiempo no se molesten. El sistema operativo también es responsable de la seguridad, y no permite que los usuarios que no tienen permiso entren al sistema.

8. Aplicaciones

Una **aplicación** es un programa informático diseñado para realizar un trabajo en concreto. Es diferente de otros tipos de programas como los sistemas operativos (que hacen funcionar al ordenador), las utilidades (que se ocupan del mantenimiento) y los lenguajes de programación (con los que se crean los programas informáticos).

Las aplicaciones se programan para que funcionen sobre una plataforma en particular; dependiendo de tu ordenador y de su sistema operativo, podrás instalar y utilizar unas u otras. Cada una es diseñada para una tarea: navegar por internet, revisar el correo, componer un texto con imágenes, jugar (efectivamente, un juego también una aplicación). Otros ejemplos pueden ser programas para ver fotografías, escuchar música, escribir un correo electrónico, etc.

Algunas compañías agrupan programas que cumplen distintas tareas para que formen lo que se llama un **paquete** o *suite*. En un paquete incluyen, por ejemplo, un procesador de textos (para escribir), una hoja de cálculo (para operar con números y tablas de datos), presentaciones (diapositivas multimedia) y otros programas.

Suites ofimáticas

Son muy populares estos paquetes de aplicaciones (ofimática = oficina + informática), que integran aplicaciones de oficina como el procesador de textos, base de datos, hoja de cálculo, presentaciones y correo electrónico: ¡todo en un solo paquete!

También existen aplicaciones a medida; se diseñan para personas o empresas que necesitan realizar una función específica y personalizada que no puede hacerse con los paquetes habituales.

9. El sorprendente mundo multimedia

Los seres humanos somos capaces de hablar, escribir, ver a otras personas, y también de hacer gestos con las manos. Todas estas habilidades se han copiado en el mundo de las computadoras, construyendo lo que conocemos como **multimedia**.

Así, hablar y escuchar podría compararse con emitir y recibir sonidos en el mundo digital; escribir, con la creación de textos; observar, con ver imágenes; los gestos y movimientos, con la animación.

Por tanto, *multimedia* se refiere al uso de medios de expresión para presentar información. Además, si tenemos el control sobre su reproducción, se convierte en **multimedia interactiva**.

Si un programa, documento o presentación combina bien estas posibilidades, capta mejor nuestra atención y hace más fácil aprender, ya que se acerca más a nuestra forma de comunicarnos (además, es más divertida la reproducción del contenido).

Otra palabra es **hipermedia**: se trata de una forma de multimedia interactiva que nos permite navegar por el contenido que estemos visualizando. *Hiper-* se utiliza como una forma de relacionar contenidos, y de ahí *hipertexto* (navegación entre textos), *hipervínculo* (navegación entre marcadores) e *hipermedia* (navegación entre medios). Todo esto es utilizado para incluir efectos especiales, vídeos, sonido y animación, enciclopedias electrónicas, cursos, vídeos musicales, películas y más, aunque una de las formas multimedia más conocidas por todos son los videojuegos, **¿verdad?**

A TENER EN CUENTA

Una computadora multimedia necesita gran cantidad de memoria RAM para ayudar al microprocesador, un disco duro de alta capacidad, una unidad de DVD o CD-ROM y acceso a la web.

10. Escribir con el ordenador

Después de tanta teoría, es hora de ponernos a los mandos. Conozcamos una de las herramientas más útiles y antiguas de los ordenadores: los procesadores de texto.

Un **procesador de texto** es una aplicación que nos sirve para crear o modificar documentos escritos. Podríamos decir que es la evolución de la antigua máquina de escribir, pero mucho más potente, ya que nos permite muchísimas más funciones e incluso nos ayuda mientras escribimos.

Al crear un texto podemos cambiar su aspecto: los espacios de los lados de la página (márgenes), la forma de las letras (fuentes de texto) y su tamaño, colores, etc. Incluso podemos añadir dibujos, imágenes o enlaces.

24

WYSIWYG

¡Vaya trabalenguas! Se trata de las siglas de la frase en inglés *What You See Is What You Get*, que significa *lo que ves es lo que obtienes*. Así nombramos a la tecnología de muchas aplicaciones, en las que el resultado al imprimir es el mismo que vemos en la pantalla, lo que hace nuestro trabajo más cómodo y fácil.

Los trabajos realizados en un procesador de textos los podemos guardar en forma de archivos en nuestro disco duro, en un CD / DVD, o en un *PenDrive*, los podemos imprimir o enviar por correo electrónico. Además, podemos modificarlos tantas veces como necesitemos.

¿Te imaginas tener que hacer todo esto con una máquina de escribir?

Disponemos de múltiples programas de procesamiento de textos, unos son gratis y en otros hay que pagar una licencia. El funcionamiento básico es muy similar en todos los casos.

11. Presentaciones animadas

Seguro que alguna vez has visto un proyector de diapositivas **¿verdad?** Bien, pues existen aplicaciones que generan diapositivas con imágenes, texto, e incluso voz, música y vídeos. Luego se pueden enviar a un proyector conectado al ordenador, o ser visualizados en nuestra pantalla. **¡Genial!**

Para crear una **presentación** necesitamos diseñar cada una de las diapositivas, incluyendo el texto, imágenes, sonidos y efectos especiales. Por esto, los programas de creación de presentaciones incluyen tres funciones principales: nos permiten navegar entre las diapositivas, crear los textos que las acompañarán e incluir imágenes y gráficos.

Las posibilidades multimedia nos dejan usar efectos especiales sobre las diapositivas. Estos efectos incluyen animación (movimiento) de cada uno de los objetos.

Presentaciones en la web

Cada vez es más común que las páginas web que visitamos en internet incluyan presentaciones dentro de su contenido, tales como anuncios de publicidad. Para poder verlas necesitaremos tener instalado el software específico en nuestro navegador.

Hay muchos tipos de presentaciones: las destinadas a la educación, noticias, explicación de un tema, o personales. Imagina poder hacer un álbum sobre nuestras fotos de las vacaciones en las que hemos incluido comentarios sobre cada una de ellas, además de poder escuchar nuestra canción preferida mientras lo vemos. Fantástico, **¿no crees?**

27

Las diapositivas se pueden imprimir en transparencias, o ser visualizadas directamente en la pantalla del ordenador o usar un proyector de vídeo.

12. Compartiendo información: las redes

Una **red** es un conjunto de equipos que se conectan, compartiendo información (archivos), recursos (impresoras, escáneres, etc.) y servicios (acceso a internet, correo electrónico, bases de datos, etc.). **¡Un gran avance en la informática!**

Las redes podemos clasificarlas de diferentes maneras:

Por su tamaño y alcance. Así, podemos distinguir dos grupos básicos: **Red de Área Local** (por ejemplo la red del colegio, o de una oficina) y **Red de Área Amplia** (redes que cubren grandes distancias, como puede ser internet).

Por el método de conexión, dependiendo de si se conectan utilizando cables o una red inalámbrica *(Wi-Fi)*.

Por la relación entre las computadoras, donde hay servidores (ofrecen servicios) y clientes (conectados a los servidores), o en las que la relación es de igual a igual, como las famosas P2P para compartir archivos.

Por el diseño o la forma de su conexión, donde las más conocidas son las de tipo bus (conectados todos a un mismo concentrador) y estrella (conectados entre todos formando esta figura).

Por la forma de transmitir los datos, en las que la dirección de la comunicación puede ir en una dirección (*Simplex*), o en ambos sentidos (*Full-Dúplex*).

Por privacidad: una red pública es la que usa cualquier persona, y comparte información y recursos. Las redes privadas solo permiten el acceso de aquellos usuarios que posean la clave o contraseña.

Para construir una red de ordenadores necesitamos tres elementos: ordenadores (naturalmente), dispositivos de conexión (tarjetas de red, cables, etc.) y un protocolo de comunicación (reglas que nos indican cómo debe ser el intercambio de datos u órdenes durante la comunicación).

Terminal tonto

En ocasiones, las redes disponen de equipos más simples. Este tipo de terminales trabajan a través de un servidor, que es quien realmente procesa los datos.

29

13. ¿Qué es internet?

¿Recuerdas qué es una red de ordenadores? Pues **¡bienvenido a la gran red mundial de ordenadores!**

Internet es conocida como «la red de redes» o «la gran telaraña de las comunicaciones», donde cualquier persona desde cualquier parte del mundo puede acceder a toda la información y servicios disponibles.

Nació en 1969 y fue creada por el Departamento de Defensa de Estados Unidos en colaboración con varias universidades. Al principio se diseñó para uso exclusivo del ejército, y la componían solo cuatro ordenadores. Más tarde comenzaron a utilizarla otras universidades y centros de investigación, seguidos por muchas organizaciones comerciales.

En 1987, la red mundial siguió creciendo por la gran difusión del ordenador personal con conexión, y recibió el nombre que hoy todos conocemos: INTERNET. Desde entonces no ha parado de aumentar el número de conexiones, que hoy en día son millones.

Para navegar en internet es necesario que nuestro ordenador disponga de **conexión**. La línea de teléfono es lo más utilizado (RTB y ADSL), aunque también hay otros medios como el cable, la red eléctrica, redes inalámbricas (*Wi-Fi*), etc.

Internet se basa en un conjunto de leyes para la comunicación, llamado **protocolo TCP / IP**. Una de estas normas nos exige una identificación para circular por la red (dirección IP), igual que los automóviles llevan una matrícula para circular por las carreteras.

Netizen

Para internet no hay fronteras: no existen americanos, asiáticos, africanos... sino solamente netizens (net = red, citizen = ciudadano).

30

El **módem** es un dispositivo que establece la comunicación de un solo ordenador con el exterior, aunque también puedes conectar más de uno utilizando un *router*.

¿Qué servicios nos ofrece internet?
- Consultar información.
- Charlar con amigos del otro lado del mundo *(chat)*.
- Jugar *on-line*.
- Comprar artículos sin movernos de casa... **¡Y muchos más!**

14. ¡Tiene fiebre!

Oh, oh... Algo no va bien; mi ordenador está empezando a comportarse de manera extraña. ¿Qué está pasando? ¿Se ha estropeado? Será mejor que le echemos un vistazo antes de llevarlo a reparar, **¡puede que esté infectado por un virus!**

Los **virus informáticos** son programas que provocan problemas en nuestro equipo, causando la destrucción de archivos e incluso de nuestro sistema operativo. Bueno, no nos pongamos en lo peor; hay algunos tipos de virus que solamente resultan molestos, sin llegar a dañar el contenido de nuestro ordenador.

¿Por qué los llamamos virus? En las personas los virus provocan enfermedades que se contagian de unos a otros, y en los ordenadores funcionan de forma parecida. Afortunadamente, los virus informáticos solo afectan a los ordenadores, por lo que podemos estar tranquilos en cuanto a nuestra salud.

32

BULOS Y MENTIRAS

Circulan por la red mensajes de falso contenido que nos animan a distribuirlos entre todos nuestros contactos. Lo que en realidad pretenden es entorpecer el tráfico de las redes y servidores: son los llamados **hoax**. No se trata de virus, ya que no son capaces de infectar otros ordenadores.

¿Y cómo ha llegado hasta mi ordenador? La fuente de infección es la activación de un programa infectado (que llega desde internet, de un disco externo o por correo electrónico, etc.) que libera el virus. Este se introduce en la memoria de nuestro ordenador y ataca a los archivos: está tomando el control…

Las vacunas protegen a las personas frente a la transmisión de enfermedades, y para los ordenadores se ha creado algo parecido, llamado **programa antivirus**. Es muy recomendable tener uno instalado y actualizado, porque todos los días aparecen nuevas infecciones contra las que debe luchar. Además, como prevención, debemos acostumbrarnos a realizar copias de los documentos importantes para no perder nuestros datos.

33

15. Navegando por la red

Vamos a echar un vistazo a lo que internet nos puede ofrecer. Lo primero es disponer de un equipo con conexión y conseguir un «vehículo» para poder circular. En este caso, se trata del **navegador** (o *web browser*), que es una aplicación que nos permite ver los contenidos de las páginas web.

Los **navegadores** más populares entre este tipo de aplicaciones (que además suelen ser gratuitas) son *Internet Explorer, Mozilla Firefox, Safari, Opera o Google Chrome*. **¿Cuál tienes tú?**

Mediante la barra de dirección, solicitamos a nuestro navegador que nos lleve hasta una página web determinada. Si no conocemos la dirección de la página o servicio al que deseamos llegar es necesaria la ayuda de un **buscador**, que nos ofrecerá una serie de resultados de acceso directo (*link* o **enlace**) a las páginas relacionadas con las palabras que hayamos introducido, tan solo con un clic del ratón. Algunos ejemplos de buscadores son **google**, **yahoo**, **msn** y **altavista**.

Portal de internet

Existen páginas que ofrecen muchos servicios, como el correo electrónico, información de noticias, buscador, deportes, chat, compras electrónicas, etc. Son los llamados portales de internet.

En caso de conocer la dirección, podemos indicar el nombre de la página y el sufijo o identificador correspondiente (ver tabla). Por ejemplo, si introducimos **everest.es** veremos cómo nuestro navegador añade *http://* (página de hipertexto) al principio de la dirección, o incluso *http://www.* (red de área mundial, o *world wide web*) para completarla y llevarnos hasta allí (*http://www.everest.es*).

Sufijo identificador de ORGANISMOS		Sufijo identificador de PAÍS o REGIÓN	
.com	Organizaciones comerciales	**.es**	España
.org	Organizaciones no comerciales	**.it**	Italia
.gov	Redes gubernamentales	**.mx**	México
.int	Organizaciones internacionales	**.ar**	Argentina
.net	Servicios de internet	**.us**	Estados Unidos
.edu	Instituciones educativas	**¡Y muchos más!**	

35

http://www.everest.es/

Buscar

16. Tienes un *e-mail*

El **correo electrónico** (*e-mail* en inglés) es un servicio de red que nos permite enviar y recibir mensajes rápidamente (cartas en formato electrónico). Su nombre se lo debe a que es muy parecido al correo postal, al que prácticamente ha sustituido, y su origen es anterior a la creación de **internet**.

Existen servidores de correo gratuitos (como, por ejemplo, **Hotmail**, **Gmail**, **Yahoo!**...) y de pago (que ofrecen mayores servicios). Además, en muchos casos, podemos acceder a los buzones sin necesidad de tener un programa de correo, sino a través de una página web (**webmail**).

Las direcciones de correo se forman a partir del nombre de usuario (**Bruno**) seguido del símbolo @ y el nombre del servidor de correo al que pertenece (por ejemplo, **everest.es**). De esta manera, quedaría la dirección completa como **bruno@everest.es**. Estas direcciones *e-mail* son únicas y no pueden existir dos usuarios iguales en el mismo dominio.

Para que un usuario pueda enviar un correo a otro se necesita que ambos dispongan de una dirección de correo electrónico. Los *e-mails* que enviamos quedan almacenados en en los servidores de correo hasta que accedemos ellos por medio de un programa de correo o del *webmail*.

EL SÍMBOLO @

Ray Tomlinson, inventor del correo electrónico, incorporó el uso de la arroba (@) como separador entre el nombre de usuario y el nombre de dominio. La razón de esta curiosa elección fue que este símbolo no forma parte de ningún nombre ni apellido, por lo que no crearía ningún problema a la hora de elegir los nombres de usuario.

Además, el correo electrónico nos permite enviar un mismo mensaje a una o varias personas a la vez incluyendo sus direcciones en el apartado «Para:». **¿Has pensado en invitar a tus amigos a tu cumpleaños enviando tan solo un *e-mail*?**

37

17. El *chat* y la videoconferencia

Aparte del correo electrónico disponemos de varios métodos de comunicación, y en este caso instantánea: son los servicios de **chat** y **videoconferencia**.

Chat es una palabra del inglés que equivale a *charla* en castellano; en el mundo de la informática se usa la palabra *cibercharla*. Se trata de una comunicación escrita que se transmite de forma instantánea entre dos o más personas a través de internet. Estas cibercharlas pueden ser públicas (otros usuarios del *chat* pueden participar en la conversación) o privadas.

Para poder utilizar el *chat* necesitamos un programa de mensajería instantánea instalado en nuestro ordenador. Los más populares son **Windows Live Messenger**, **Yahoo! Messenger** o **Jabber**. Si no tenemos ninguno de estos programas hay páginas web que sirven como plataforma de comunicación (*webchat*). En el chat no es necesario utilizar nuestro nombre real, sino que utilizamos un alias o **nick** (del inglés *nickname*).

Este servicio también nos permite el envío de pequeños archivos en tiempo real, como fotografías o documentos, y el uso del **videochat**.

La **videoconferencia** es la comunicación de audio y vídeo en tiempo real, es decir, podemos hablar y escuchar a la vez que vemos a la otra persona (o personas) en directo.

VIDEOTELÉFONO

Nuestros teléfonos móviles pueden ofrecernos de videollamada. Hoy en día el precio de este servicio no es muy caro, pero en los primeros prototipos (1964) podía ascender a más de 1000 euros, **¡qué barbaridad!**

Fotos   Archivos   LLamar   Vídeo   Bloquear

Shaun

Mina

Lucas dice:
-El fin de semana, ¿dónde estarás?
Mina dice:
-Estaré con mi abuela, en su pueblo.

Lucas

¡Qué bien!, a mí me encantaría estar allí, aunque iré con mis padres y hermano, a mi pueblo también.

18. ¿Juegas conmigo?

Ha llegado la hora de divertirnos un poco, ¿qué tal si jugamos una partida? La mayoría de videojuegos nos ofrecen la opción de jugar con nuestros amigos en el mismo ordenador o videoconsola, pero además existe la posibilidad de hacerlo *on-line* a través de internet, con lo que podremos jugar con nuestros amigos de todo el mundo.

En los **videojuegos multijugador** existen realmente dos modos de juego: unos nos permiten jugar a la vez a dos o más jugadores, y en otros, el juego se reparte en turnos (primero un jugador, después el siguiente, etc.).

El modo de juego *on-line* nació cuando un grupo de estudiantes creó una versión informática multijugador del juego llamado *Dragones* y *Mazmorras*. Esta novedad se desarrolló rápidamente por la entonces poco conocida red de internet, y aparecieron las primeras comunidades virtuales. ¡Y todavía no tenía imágenes!, aunque no tardaron mucho en aparecer y mejorar a una velocidad de vértigo, hasta los actuales videojuegos de realidad virtual y 3D.

La revolución llegó en la década de los años noventa. Aparecieron las primeras **videoconsolas**, muy básicas, y tardaron unos años más en disponer de conexión para jugar a través de la red. Los teléfonos móviles, que se popularizaron sobre el año 2000, incorporaron rápidamente los videojuegos.

Pong

El primer videojuego apareció alrededor de 1980 en un salón recreativo de California (USA), y su nombre era Pong.

Volviendo al mundo de las computadoras, tenemos también los **videojuegos de navegador** (en inglés, *browser games*) a los que se accede a través de la web. En ellos lo único que necesitamos es que nuestro navegador disponga del *plugin* apropiado (el *software* complementario para que funcione en nuestro navegador).

19. Descargando...

Una de las opciones interesantes de internet es **descargar archivos** a nuestro ordenador. Esto consiste en solicitar archivos a un servidor, página web u otro ordenador para guardarlos en nuestro equipo.

Las aplicaciones que podemos descargar se dividen en tres categorías:

Freeware, o *software* gratuito y de libre uso, que podemos descargar libremente y utilizar sin límite de tiempo.

Shareware, o *software* de prueba y evaluación, que tras un tiempo limitado (generalmente unos treinta días) nos obliga a pagar la licencia de uso para continuar utilizándolo.

Software de pago, que como ya dice su nombre, tiene un precio que deberemos pagar antes de la descarga y activación.

Desde el año 2000 existen en internet tiendas virtuales donde podemos descargar música, vídeo, DVD o aplicaciones por menos dinero de lo que nos puede costar en una tienda normal. En el portal web de la **cibertienda** podemos seleccionar los productos que deseamos y pagarlos mediante una transacción electrónica (como puede ser una tarjeta de crédito o de cibercompra); después nos mostrará el enlace que iniciará la descarga.

Redes y aplicaciones P2P

Resultan útiles para intercambiar archivos como vídeos, fotografías y animaciones hechas por nosotros mismos. Además, permiten intercambiar legalmente todo tipo de documentos bajo licencias como el Copyleft, Creative Commons y el Dominio público.

También existen programas para la descarga de archivos dc redes públicas en internet, como son las **P2P** (redes *peer to peer*, o de igual a igual). En ellas los usuarios comparten los archivos que desean compartir desde sus propios ordenadores. En estas redes todos los ordenadores conectados pueden compartir y descargar información sin tener servidores dedicados a controlar la red.

20. Buscando, buscando...

Internet es un gran laberinto: la información está en millones de servidores, así que necesitamos ayuda para encontrar lo que necesitamos.

El **buscador** es la herramienta ideal para encontrar lo que queremos. Para iniciar una búsqueda, debemos acceder al portal web de un buscador y escribir la **palabra** o **palabras clave**; esta acción nos devolverá una serie de resultados como enlaces a las páginas web donde está la información relacionada, con una pequeña descripción.

Google (http://www.google.com) es hoy por hoy el buscador más utilizado en el mundo.

Prueba a buscar la palabra *EVEREST*, ¡verás qué cantidad de resultados! Obtendrás los enlaces a su definición, seguidos de páginas que llevan la palabra clave o noticias relacionadas con ella.
¿Has encontrado ya la montaña más alta del planeta...? ¿Y alguna editorial...?

El primer buscador

Wandex, un buscador ya desaparecido, es considerado el primer buscador en internet. Después apareció Aliweb (que aún funcional), aunque el primero en permitir la búsqueda por palabras clave fue WebCrawler, junto con Lycos.

Otros buscadores destacados son **MSN** (http://search.msn.com),
Yahoo! (http://www.yahoo.com), **Altavista** (http://www.altavista.com),
Lycos (http://www.lycos.com), **Bing** (http://www.bing.com), **Ask**
(http://www.ask.com) o **WebCrawler** (http://www.webcrawler.com).

45

21. Mis páginas preferidas

¿Has encontrado ya alguna página web interesante? Si no es así, vamos a repasar unos consejos que te ayudarán a mejorar tus búsquedas en internet:

Revisa la ortografía de las palabras clave que introduces en un buscador, ya que, si no están bien escritas, será difícil encontrar los resultados adecuados.

¡Tampoco son tan listos los ordenadores, no te creas!

Utiliza los plurales y palabras parecidas si la primera búsqueda no ha salido bien; si quieres saber a qué *camping* ir este verano con tu familia, por ejemplo, es probable que obtengas más información si tecleas *campings* que *camping*. **¡Quizás haya más suerte así!**

Escribe pocas palabras; es más fácil para el buscador realizar la búsqueda de las palabras «castillos medievales» en lugar de «Lista de castillos medievales».

Indica la categoría de búsqueda siempre que el buscador te lo permita. Así le daremos pistas sobre lo que debe encontrar (páginas web, noticias, imágenes, etc.).

INTERNET SEGURA

Todos los años se celebra en febrero un día especial en el que los adultos ayudan a los peques para que aprendan a usar el ordenador de forma segura y responsable: es el Día Internacional de la Internet Segura.

Prueba ahora estos enlaces que hemos buscado para ti:

http://www.educapeques.com	http://www.pekegifs.com	http://www.yodibujo.es
http://www.nenes.es	http://www.milcuentos.com	http://www.chicos.net
http://www.escolar.com	http://www.educarchile.cl	http://www.educar.org
http://www.educ.ar	http://www.portaleducativo.edu.ni	http://www.educabolivia.bo

22. Todo en orden

Ahora que ya dominamos la navegación por internet nos hemos dado cuenta de que algunos sitios los visitamos a menudo, y cada vez son más y más las páginas que conocemos.

¡¿Cómo vamos a recordar todas las direcciones?! ¡¡Nuestra memoria no tiene tanta capacidad!!

Menos mal que nuestro navegador nos puede ayudar: es capaz de guardar una lista de todas nuestras páginas favoritas; de hecho, **favoritos** es el nombre del menú creado para esto.

En este menú podemos guardar los enlaces a nuestras páginas preferidas, nombrándolas como queramos, e incluso añadir una pequeña descripción para recordar el contenido. También podemos crear carpetas para almacenar enlaces a páginas sobre el mismo tema.

Si aún no tienes una lista de enlaces interesantes en tu menú favoritos, prueba a deslizarte por la web, lo que se llama *surfing*. Siguiendo los enlaces desde una página a otra, podemos encontrar lugares alucinantes, de los que después podremos guardar su dirección.

48

Aparte de los buscadores, otra de las formas de encontrar sitios web interesantes es a través de los **directorios web** (*subject guides*), que clasifican la información por contenidos como si se tratase de el índice de un libro.

49

Huevos de Pascua

Algunos programas y aplicaciones incluyen algunas sorpresas ocultas. Prueba a introducir una de estas palabras clave en el buscador Google (http://www.google.es) y observa qué ocurre si en lugar de pulsar el botón BUSCAR seleccionas VOY A TENER SUERTE: «google loco», «google mirror», «google easter eggs» o «google cheese». Sorprendente, **¿verdad?**

Esta clasificación se divide en categorías generales, como Ciencia, Tecnología, Viajes, Arte, etc., y además en otras más específicas. Por ejemplo, la categoría Ciencia podría incluir subcategorías como Animales, Plantas, Estrellas, etc.

23. Mi ordenador me echa un cable con el cole

¡Qué bueno! Existen herramientas informáticas que nos van a ayudar a estudiar, a buscar información y a presentar bonitos trabajos para el colegio.

Las computadoras son instrumentos increíbles, pero para poder aprovecharlas debemos conocer primero su funcionamiento. Posiblemente en el futuro trabajarás mucho con ellas.

En internet podemos encontrar portales dedicados a la educación, donde encontraremos guías que nos ayuden y juegos con los que aprender de una forma divertida.

Quizás dentro de poco tiempo ya no tengamos que cargar con una pesada mochila llena de libros, calculadoras y demás, sino que estos se encontrarán dentro de un ordenador portátil que utilizaremos en el colegio y en casa.

¡Qué alivio para nuestra espalda!

Este libro nos ha servido de introducción al mundo de la informática; hemos conocido las partes que componen un equipo informático, cómo funciona, las utilidades de los paquetes ofimáticos y el uso de internet para conseguir información y contenidos útiles. Ha llegado el momento de poner en práctica nuestros conocimientos y aprovecharlos para que todo esto nos sirva de ayuda en nuestros estudios.

El buscador infantil

Se trata del único buscador de páginas web en castellano orientado a los niños. Pruébalo accediendo desde tu navegador a la siguiente dirección: http://**www.buscadorinfantil.com**

Tanto si tu ordenador es sobremesa o portátil, debes cuidarlo mucho. Debemos mantenerlo limpio, al igual que los periféricos y conexiones (**¡cuidado con los cables enredados!**), y también organizado (documentos, fotografías, etc.). Una vez comiences a hacer un buen uso de él, se convertirá en imprescindible.

24. Consejos a tener en cuenta

Te vamos a dar una serie de consejos para que hagas un buen uso de tu ordenador.

No olvides que, aunque el ordenador es algo fantástico, es importante que no abuses de él.

Relacionarte con tus amigos y tu familia, conocer la Naturaleza, consultar libros...

¡Es extraordinario!

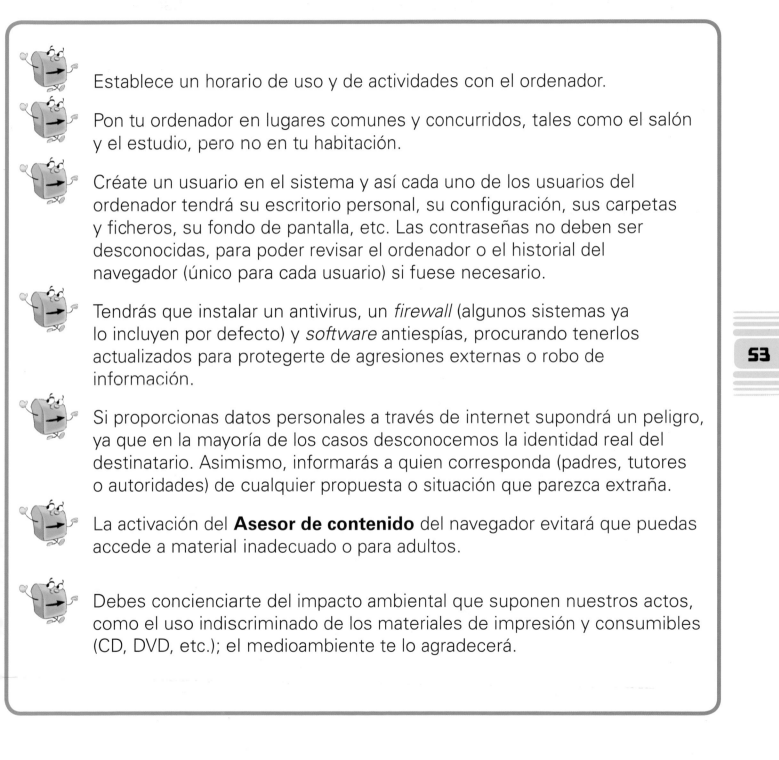

Establece un horario de uso y de actividades con el ordenador.

Pon tu ordenador en lugares comunes y concurridos, tales como el salón y el estudio, pero no en tu habitación.

Créate un usuario en el sistema y así cada uno de los usuarios del ordenador tendrá su escritorio personal, su configuración, sus carpetas y ficheros, su fondo de pantalla, etc. Las contraseñas no deben ser desconocidas, para poder revisar el ordenador o el historial del navegador (único para cada usuario) si fuese necesario.

Tendrás que instalar un antivirus, un *firewall* (algunos sistemas ya lo incluyen por defecto) y *software* antiespías, procurando tenerlos actualizados para protegerte de agresiones externas o robo de información.

Si proporcionas datos personales a través de internet supondrá un peligro, ya que en la mayoría de los casos desconocemos la identidad real del destinatario. Asimismo, informarás a quien corresponda (padres, tutores o autoridades) de cualquier propuesta o situación que parezca extraña.

La activación del **Asesor de contenido** del navegador evitará que puedas accede a material inadecuado o para adultos.

Debes concienciarte del impacto ambiental que suponen nuestros actos, como el uso indiscriminado de los materiales de impresión y consumibles (CD, DVD, etc.); el medioambiente te lo agradecerá.

53

25. GLOSARIO

@: conocido como *arroba* es un símbolo que utilizamos en las direcciones de correo electrónico para separar el usuario del dominio al que pertenece.

ADSL: se trata de un tipo de conexión a internet que se caracteriza por su elevada velocidad.

Antivirus: son todos aquellos programas que permiten analizar la memoria, las unidades de disco y otros elementos de un ordenador, en busca de virus.

Aplicación: es un programa destinado a un uso en particular, como por ejemplo un procesador de textos.

Buscador: programa dedicado a la búsqueda de información en las páginas web de todos los servidores conectados a internet.

Chat: es un modo de definir la forma de charlar a través de internet, también conocido como *cibercharla*.

Cliente: sistema informático (ordenador) que solicita ciertos servicios y recursos de otro ordenador (denominado servidor), al que está conectado en red.

Contraseña: clave secreta o palabra que utilizamos para identificarnos al acceder a un sistema o programa.

Descarga: es la acción con la que obtenemos ficheros desde internet (de páginas web o servidores).

Domótica: aplicación de la tecnología informática a los nuevos electrodomésticos.

E-mail: también conocido como correo electrónico, es un medio de comunicación similar al correo postal, pero que utiliza internet como medio de difusión.

Hardware: es el grupo de componentes físicos que forman parte de un ordenador (pantalla, teclado, ratón, memoria, discos duros, microprocesador, etc).

Hipervínculo: enlace en el que con un clic de nuestro ratón nos lleva a otro lugar, página web o documento.

Informática: es una palabra compuesta por *información* y *automática*, y define todo aquello relacionado con el mundo de los ordenadores.

Internet: red mundial de ordenadores, llamada la gran red de redes porque está formada por muchísimas redes pequeñas que están conectadas por todo el planeta.

Interfaz: se refiere al conjunto de medios para comunicarnos con una computadora, es decir, un entorno como el escritorio del sistema operativo.

Multimedia: objeto o aplicación que utiliza medios de expresión para presentar la información.

Navegador: un navegador web o navegador de internet es el programa que permite visualizar los contenidos de las páginas web en internet. También se conoce con el nombre de *browser*.

Nick: nombre falso que utilizamos para ocultar nuestra identidad real en internet.

Ofimática: palabra compuesta por *oficina* e *informática*, y se utiliza para definir aquellas aplicaciones que se normalmente se usan en una oficina.

On-line: (en línea) computadora o conexión que está encendida o conectada a internet.

Página web: documento multimedia que utilizan los servidores para mostrar información a través de internet.

Periférico: dispositivo externo que se conecta al ordenador para ampliar sus funciones.

Presentación: es una manera de exponer contenidos mediante transparencias, diapositivas, proyección de imágenes digitales, vídeo y sonido, etc.

Protocolo: es el conjunto de normas que establece y permite la comunicación entre dispositivos informáticos (la transferencia de datos).

Red: grupo de ordenadores o dispositivos informáticos conectados a través de cable, línea telefónica, ondas electromagnéticas (microondas, satélite, etc), para comunicarse y compartir información y recursos entre ellos.

Router: aparato que nos conecta con internet mediante la línea telefónica.

Servidor: es un sistema informático (ordenador) que presta ciertos servicios e información (comunicación, aplicaciones, archivos, etc.) a otros ordenadores (denominados *clientes*), los cuales están conectados en red con él.

Software: esta palabra define a todos los programas y aplicaciones.

Usuario: persona que utiliza un ordenador, sistema o programa.

Videoconferencia: comunicación en la que utilizamos el sonido y la imagen de vídeo, por lo que podemos ver a la otra persona mientras hablamos con ella.

Virtual: en informática utilizamos esta palabra para todo aquello que no existe realmente, sino solo dentro del ordenador (simulación).

Webcam: dispositivo que permite al ordenador la grabación de imágenes de vídeo en directo, y que puede ser utilizado para la videoconferencia.

Webmail: acceso al buzón de correo electrónico a través de una página web, sin necesidad de disponer de un programa que gestione el correo en nuestro ordenador.

Wi-Fi: del inglés *Wireless Fidelity*, nos sirve para definir la conexión inalámbrica (sin cables) de una red o punto de acceso a internet.